Das transsexuelle Osterkaninchen

Christian Eisert, 1976 in Berlin geboren, schreibt seit seinem 8. Lebensjahr Satirisches und Skurriles. 1988 und 1992 erhielt er Preise in landesweiten Schreibwettbewerben, 1998 einen Wirtschaftspreis. Während der Schulzeit war er Chefredakteur der Schülerzeitung, Leiter einer Schülerzeitungs-AG und Mitglied der Theater-AG, wo seine Komödie *Nenn' mich nicht Tüpfelchen* uraufgeführt wurde ('96). In der Folgezeit Arbeit für Zeitung, Zeitschrift, Radio und Fernsehen. Er gründete und leitete das Kultur- und Satiremagazin *DAS DING* (1996 - 1999). Seit April '98 studiert Christian Eisert Theaterwissenschaft, Film- und Fernsehwissenschaften und Germanistik an der Ruhr-Universität in Bochum. Dort spielt er am Uni-Theater u.a. in *Hamlet* (2000).

Von Christian Eisert erschienen 1997 der Satireband *Das Gebiß im Komposthaufen* und 1998 *Wenn Leichen laichen...* mit skurrilen Kurzgeschichten sowie ab Herbst 2000 wöchentliche *Wortgeschosse* im Internet unter

www.liesmichmal.de

TRESIE
VERLAG

ISBN: 3-831116-32-6
1. Auflage (Neuausgabe) 2001
14,90 DM • 7,62 €
© Tresie Verlag
Auf der Bleiche 14
D-58452 Witten

Satz & Titelbild: Patric Albrecht
Herstellung: Books on Demand GmbH

Das transsexuelle Osterkaninchen

TRESIE Verlag

Der Hasenfrau.

Vorwort

Da gibt es nun auf der großen, weiten Welt viele, viele
Bücher. In manchen, Lexika zum Beispiel, steht Schlaues, in anderen – von mir aus Politikerreden – weniger
Schlaues. Die Menschen lesen still vor sich hin das
Geschriebene – oder aus der Sicht des Buches: Man
wird immer von schräg oben angestarrt! Tja, und das
Buch erfährt nie, womit es bedruckt wurde. Natürlich
mit Buchstaben oder Bildchen, klar, das weiß es auch.
Aber was die Lettern für Worte, Sätze oder Rechenformeln bilden, möchte das gebildete Buch wissen;
und sich selber lesen ist schwierig.
Gut, einige Bücher haben Glück. Ihnen wird vorgelesen. In Schriftstellerlesungen oder in der Märchenstunde im Kindergarten. Aber die Mehrzahl?!
Deshalb apelliere ich an Sie, verehrte Leserin, verehrter Leser, diesem Buch die folgenden Seiten bitte laut
und deutlich vorzutragen! Dabei erfahren auch Sie, was
darin steht.
Dafür, daß Ihnen mit einem freundlichen Seitenrascheln gedankt wird, verbürge ich mich mit meinem
mehr oder weniger guten Namen.

Christian Eisert
Sprecher der Bewegung »Bildung für Bücher« (BfB)

Der Bär im Zug

»Vierundachtzig Mark«, sagte die junge Dame in der blauen Uniform.

»Ich biete vierundsiebzig«, irritierte ich sie. »Guten-Abend-Ticket für die zweite Klasse plus Platzkarte sind nämlich vierundsiebzig Mark.«

»Ach Gott, ja. Es ist ja schon nach neunzehn Uhr.« Ich gab ihr das Geld und sie mir meine Reiseunterlagen. Normalerweise spare ich die fünf Mark für eine Platzkarte, aber am Donnerstagabend waren die ICEs in Richtung Rhein und Ruhr immer sehr voll und ich hatte keine Lust die dreieinhalb Stunden von Berlin nach Bochum in Gang oder Raucherabteil dahinzuvegetieren.

Mein Platz befand sich in Wagen dreiundzwanzig am Fenster. Wagen dreiundzwanzig gehörte zum ersten Zugteil mit der Kursnummer neunhundertvierzig und dem Zielbahnhof Köln. Zugteil zwei mit der Kursnummer neunhundertfünfzig wurde in Hamm abgekoppelt und fuhr nach Düsseldorf. Der erste Zugteil sollte in den Bereichen A bis D halten, Wagen dreiundzwanzig befand sich unmittelbar hinter dem Bordrestaurant im Abschnitt C. In dem Moment, als ich auf dem Bahnsteig ankam und herausfinden wollte, ob Gleis zwei links oder rechts war, teilte eine Lautsprecherstimme mit, daß die ICE neunhundertvierzig und neunhundertfünfzig mit dem Ziel Köln beziehungsweise Düsseldorf, planmäßige Abfahrtszeit neunzehn Uhr zehn ausnahmsweise von Gleis fünf führen und die Wagen des zweiten Zugteils mit den Ordnungsnummern achtundzwanzig bis zweiunddreißig heute in umgekehrter Reihenfolge verkehren würden.

Wie im Fußballstadion nach einem verschossenen Elfmeter ging ein Stöhnen durch die Menge. Dann griff alles nach Taschen und Koffern und rammelte die Treppen hinab.

Ich schaffte es gerade noch so, in den richtigen Zugteil zu springen. Die Wagennummer war natürlich falsch, so daß ich mich Koffer voran durch die Gänge schob, wobei ich feststellte, daß der Zug gar nicht so voll wie befürchtet war und ich meine Platzkarte wohl umsonst gekauft hatte.

Doch ausgerechnet auf meinem Platz saß jemand. Ein Mittvierziger in einem dunkelgrünkarierten Sakko, der sich durch eine Computerzeitschrift blätterte.

»Guten Abend«, sagte ich. »Ich habe ein Fahrkarte.«

»Schön«, antwortete er und blickte kurz auf, »ich auch.«

»Ich meine doch eine Platzkarte. Ich habe eine Platzkarte und sie sitzen drauf.«

»Auf Ihrer Platzkarte?!«

»Nein, auf meinem Platz.«

»Ich habe auch eine Platzkarte.«

Wir verglichen unsere Sitzberechtigungen.

»Sehen Sie, Wagen zweiunddreißig haben Sie. Das ist aber Wagen dreiundzwanzig. Ihr Wagen ist im Zug-

teil B und da kommen Sie jetzt nicht hin, weil man
nicht durchlaufen kann, sondern außenrum muß.«
Beinah hätte ich »ätsch« drangehangen.
Er murmelte Schimpfwörter und zog auf einen freien
Platz. Ich ließ mich zufrieden nieder.
»Gutntagmeinedamuntern. Ichbegrüßesieanborddes-
iceneunhundertfürrzichkarlferdinandvonhimmel-
pfortauderfahrtvonberlinnachköln. Meinnameist
detlefknippserundichbinihrzugchef. Unserereiseroute
entnehmensiebittedemfaltblattihrreiseplanderan-
ihremplatzausliegt...«
Die ersten Handies düdelten: »Für Elise«, »Freude
schöner Götterfunken«, »Die kleine Nachtmusik«.
Meine Mitreisenden gaben ihre Positionen durch.
Dabei kristallisierten sich zwei Gruppen heraus. Die
einen nannten eine genaue Ortsangabe entweder mit
dem Zusatz »kurz nach« oder »kurz vor«, die anderen
waren in Geographie weniger bewandert oder hatten
nicht aufgepaßt und sagten schlicht » Ich sitze gerade
im Zug.« Allen gemeinsam war, daß sie sich nie richtig
von ihren Gesprächspartnern verabschiedeten, sondern einige Male »Hallo« riefen und Halbsätze spra-
chen, wie »Die Verbindung wird…hallo…bist Du
noch…jetzt ist besser…hallo?«
Mir schräg gegenüber auf der anderen Gangseite baute
ein junger Mann im Anzug, aber ohne Krawatte, sein
Notebook auf. Es sah sehr routiniert aus.
Da mir an meinem sogenannten vis-a-vis-Platz mit
Tisch niemand gegenüber saß, streckte ich die Beine
aus und fuhr meine Lehne nach hinten.

»Entschuldigung«, sagte da eine Stimme, »sind Sie bitte so nett und lehnen sich nicht ganz so weit zurück?!«

»Ja, natürlich.« Für Langbeinige habe ich immer Verständnis. Ich hätte jetzt auf den freien Platz neben mir ziehen können, aber dann wäre ich den Füßen des dunkelgrünen Mittvierzigers ins Gehege gekommen und der Herr neben meinem Hintermann guckte grimmig. So blieb ich, wo ich war.

»Ich fahr' ja nicht so gerne rückwärts,« teilte mein Hintermann dem Grimmigen mit.

»Ja, ja.« gab er sich seiner Miene entsprechend wortkarg, aber er hatte mit dieser Reaktion schon verloren.

»Dabei ist rückwärts fahren wie das Leben. Man sieht nur, was hinter einem liegt. Aber nie was kommt.«

»Naja. Stimmt schon.«

»Bahnfahren vorwärts ist widernatürlich.«

Der krawattenlose Notebookmann starrte derweil sehr nachdenklich auf den Bildschirm seines Laptops und kraulte sich das Kinn.

»Auf der anderen Seite, und das ist gar nicht uninteressant, denkt da beim Autofahren niemand darüber nach. Versteh'n Sie? Wir sitzen doch im Auto auch… nicht wahr?«

»Hm, Hm.«

Der Notebookmann klatschte sich plötzlich mit der flachen Hand gegen seine hohe Stirn und befahl seinem Mobiltelefon: »Büro.« Das Telefon piepste, worauf der Notebookmann wieder »Büro« bellte. Sein Kommunikationswunder hatte offensichtlich Probleme mit der Spracherkennung. Er verstellte seine Stimme. »Büro-ho.«

Mein Hintermann arbeitete gerade den Punkt »Meine Katastrophen mit der Deutschen Bahn« ab. Der Grimmige schien die Grenzen seiner Grimmigkeit zu erreichen und fragte einen vorbeieilenden Schaffner, wann denn endlich Hannover käme. Seine Antwort ging in einem Zischen unter. Spritzer trafen mich. Cola, verriet mir ein Lecken an meinem Unterarm.

»Oh, entschuldigen Sie vielmals«, krähte mein Hintermann, »Das mach’ ich gleich weg. Ach, das ist mir aber unangenehm. Kommen Sie mal her. Warten Sie, bleiben Sie sitzen. Das man aber nicht klüger wird.«

»Büro. Büro? Büro!!«, flehte es auf der anderen Gangseite.

»Lassen Sie, es ist ja nicht viel passiert.« Ich schüttelte die paar Tropfen von meinem Hemd. Viel unangenehmer waren die nicht enden wollenden Bitten meines Hintermannes um Vergebung, in die er geschickt die Erlebnisse seiner Tante Hertha einflocht, der das auch immer passiert sei und es müsse wohl in der Familie…nicht wahr. Sein grimmiger Nachbar hatte die Gelegenheit ergriffen, sich samt Samsonite aus dem Staub zu machen.

»Sehrgeehrtedamenundherreninkürzeerreichenwir hannoversiehabenanschluß…«

»Mein Gott«, sagte der Colaspritzer zu mir, »ich muß ja raus. In Hannover muß ich doch raus.« Gleich darauf war er’s und es kehrte wieder Ruhe ein in Wagen dreiundzwanzig.

Nur der Handymann von schräg gegenüber tippte mit sehr rotem Gesicht auf seinem Telefon herum, in dessen Tiefen sich anscheinend die Büronummer verbarg.

Ich zog meine Kopfhörer aus der Reisetasche und stöpselte sie in das entsprechende Loch meiner Armlehne.

»Wuff, sagte da der Bär, denn er verstand die Sprache der Hunde.« Ach, ja, ein Kinderprogramm. Ich tippte mich einen Kanal weiter.

»Wuff, sagte da der Bär, denn er verstand die Sprache der Hunde.« Zwei Kinderprogramme. Kanal drei versprach aber laut dem Faltblatt »Ihr Reiseplan« Rock und Pop: »Wuff, sagte da der Bär…« Dann eben klassische Musik »Wuff, sagte da…« Na, klasse.

»Wuff« auch auf Kanal fünf und sechs. Kanal sieben bot allerdings eine Alternative: Rauschen. Nicht ganz wie ein Meer, aber es gab ja noch Kanal acht: Auch er ohne polyglotten Petz, sondern mit Pfeifen und Knistern.

Ich entschied mich fürs Rauschen, stellte es ganz laut und entschlief. Keine Träume nur dunkler, fester Schlaf… Vor mir stand ein Bär.

Ein bärtiger Schaffner. »Hallo! Aufwachen. Ihre Fahrkarte bitte.«

Meinem Rausch entrissen, reichte ich schwerfällig, was er verlangte. Er betrachtete intensiv mein Ticket und schien sich nur schwer überwinden zu können, mir einen Stempel auf die Fahrkarte zu kneifen.

»Ist etwas nicht in Ordnung?« In Gedanken hatte ich mich bereits nach eventuellen Versäumnissen befragt, kontrolliert, ob ich im richtigen Zug saß und ob ich denn überhaupt nach Bochum wollte. Ich fand aber keinen Fehler und sprach mich frei.

»Ihre Bahncard. Kann ich die mal sehen?!« Glücklicherweise blieb mir die Pein erspart, ewig nach dem Plastikkärtchen zu suchen, da ich sie, aus Erfahrung klug geworden, in einem Extra-Brustbeutel trug.

In dem er die Karte neben mein Gesicht hielt, suchte er Ähnlichkeiten mit dem Paßbild. Ich bemühte mich um den gleichen tumben Gesichtsausdruck wie auf dem Foto, womit ich den Schaffner überzeugte. Er gab mir meine Reiseunterlagen zurück. »Angenehme Weiterreise.«

Nach diesem Schreck wankte ich zum Bordrestaurant. Aus »technischen Gründen« gab es nur kalte Speisen, so daß ich mich für die Acht-Mark-Mahlzeit entschied: »Wiener mit Brötchen«. Dazu gab es eine Beilage, die aus einem Tütchen Senf und einem Salatblatt im Rentenalter bestand.

Der dunkelgrüne Mittvierziger an meinem Vis-a-vis-Platz war inzwischen einer dreiköpfigen Familie gewichen. Das kleinste Familienmitglied lag auf einer Wolldecke auf dem Tisch und war ein Junge.

Seine Mama blickte fasziniert in die geöffnete Windel, der Papa in die BILD. »Entschuldigung«, hob ich an. Mit meiner Wiener deutete auf das Würstchen unter dem Babypo. »Halten Sie das für hygienisch korrekt?« Verständnislos sah mich die junge Mutter an.

Ich schnappte mir meinen Reiseplan »Ihr Reiseplan«. Mit fester Stimme sagte ich: »In Wagen siebenundzwanzig gibt es einen Wickelraum.« Ungerührt cremte die Mama das Gesäß ihres Sprößlings ein. Der Papa musterte mich über den Zeitungsrand hinweg. »Sie mögen wohl keine Kinder?!«

»Doch, doch. Ich war ja selber mal ein eines.«
»Na also!«
»Mambapap«, stimmte das entblößte Baby zu.
Der Geruch von Kleinkindexkrement und Nivea waberte durch den Wagon.
»Ich habe nie in voll besetzte Züge geschissen.« Weil ich laut geworden war, schenkten mir meine Mitreisenden für einen Moment ihre Aufmerksamkeit. Selbst der Notebookmann ließ kurz von seinem Handy ab.
»Ich meine nur, daß dieser Tisch dafür nicht vorgesehen ist«, fügte ich leiser hinzu.
Sehr langsam faltete der Kindesvater seine Zeitung zusammen. »Was meinen Sie, wie Ihr Würstchen hinter her aussieht?! G-e-n-a-u-s-o!«
»Entschuldigung, weiß jemand die Nummer der Auskunft?« Der Notebookmann sah sich hilfesuchend um, die Antwort gab das Elternpaar an meinem Tisch. Sie nannte die ersten Zahlen, er die letzten. Ich kapitulierte. In meinen Sitz gequetscht, sah ich angestrengt aus dem Fenster, möglichst ohne zu atmen. Das Baby, frisch verwindelt, gluckste. Von fern nahm ich den Notebookmann wahr, wie er die Nummer seiner Firma recherchierte. Ich drückte mir die Kopfhörer aufs Ohr. »Wuff, sagte da der Bär, denn er verstand die Sprache der Hunde.« Die Eltern wickelten gemeinsam die alte Windel in die BILD.
Als ich meine Rückenlehne nach hinten drückte, tippte mir jemand auf die Schulter. Ich sprang auf.
»Zurücklehnen kann ich mich nicht. Vor mir babbeln nackte Babys. Im Schlaf stören sie mich. Ich habe ständig Bären im Ohr. Und Sie, haben Sie endlich ihre

blöde Telefonnummer gefunden?«

»Der Akku ist alle.«

»Ha, dann brauchen Sie Ihr Handy gar nicht mehr.« Ich entriß es ihm und schleuderte es in die Gepäckablage. »Und Sie hier, hatten doch den Mozart. Handy her! Wo ist der Beethoven? Sind Sie das? Sie sitzen doch alle verkehrt rum. Aber ich habe eine Bahncard. Schauen Sie her! Das bin ich. Das bin ich. Zugteil eins, Wagen dreiundzwanzig, Abschnitt B…Gleis Wuff!«

In Bochum nahmen mich kräftige Bahnwärter freundlich in Empfang und schlossen mich in den Wartesaal. Zu den anderen.

Ist das Meer blau
Ist es auch der Himmel
Ist der Käse blau
Ist es meistens Schimmel

Falscher Hase

Es war Ostern, und ich sah einen Western. Gerade als der Held in Ermangelung eines Messers mit Löffeln warf, merkte ich, daß mir ein Osterhase fehlte. Obwohl ich schon achtzehnmal das Fest des Suchens erlebt hatte, vermißte ich jene Schokoladenskulptur, der man mit kannibalischer Freude zuerst die Ohren abbeißt.

Nun war es Sonnabend und die Geschäfte hatten offen. Allerdings nicht mehr lange. Daher erstürmte ich gleich die Drogerie im Haus gegenüber.

So auf den ersten Blick konnte ich nichts meinen Wünschen Entsprechendes entdecken. Also suchen. Ich schaute hinter Fläschchen, Döschen und Schächtelchen, fingerte in einem Korb Haarklemmen herum. Selbst das Regal mit den Damenhygieneartikeln ließ ich nicht aus. Wobei mich die Päckchen eher irritierten, als daß sie mir in meiner kritischen Situation ein sicheres Gefühl gaben.

Da trat eine Verkäuferin hinter mich.

»Suchen Sie was?«

»Nein, ich verstecke!« sagte ich geistesgegenwärtig und riß eine Packung Ohrenstäbchen herunter.

»Pardon.«

Die Angestellte knurrte.

»Haben Sie Schokoladenhohlfiguren in Hasenform?«

»Bitte?!«

Ich wiederholte mein Anliegen.

»Sie meinen Osterhasen?«

Ich nickte.

»Ausverkauft.«

»Sind Sie sicher?«

»G-a-n-z sicher.«

»Könnten Sie vielleicht im Lager nachsehen?«

»Ja, ja. Und Sie räumen mir dann die Regale leer.«

»Ich kann ja mitkommen«, schlug ich vor.

»Damit ein anderer hier klauen kann, was?!«

»Dann schließen Sie meinetwegen solange ab.« Das tat sie erstaunlicherweise und hängte, damit sich niemand beschweren konnte, ein Schild dazu: »Wegen Inventur geschlossen!«. Schließlich war es Ostersonnabendmittag.

Wir stöberten und wühlten im Lager.

Dann endlich! »Da!« hielt sie mir ein in bunte Folie verpacktes, aber leicht verstaubtes Etwas hin.

»Dankeschön«, sprach ich artig und wir gingen in den Laden zurück.

Während die Verkäuferin mürrisch den Preis eintippte, betrachtete ich meine Errungenschaft.

»Ist das eigentlich ein Hase oder eine Häsin?«

»hä!?«

»Einerseits«, hob ich an, »steckt eine Blume im Haar, und er hat lange Wimpern, andererseits trägt er eine Hose und einen Spaten. Außerdem sieht er recht muskulös aus, finden Sie nicht?«

»Vielleicht war er früher mal eine Frau«, sagte sie bissig.

»Sie meinen er ist Transvestit?«

»Raus!«, schrie mein Gegenüber im weißen Kittel und schlug mit der Faust auf die Kasse, deren Schublade mit einem fröhlichen »Pling!« gegen ihr Becken rummste.

»Die Tür ist zu.«

Zitternd und schwer keuchend schloß sie auf. Ich musterte erneut meinen Mümmelmann oder -frau.

»Und überhaupt, die Löffel sind viel zu kurz. Das ist ein Kaninchen.«

Sie ließ die Schlüssel fallen.

»Ein transsexuelles Osterkaninchen.«

»Sie sind ja völlig übergeschnappt!« Ihre Stimme sprang durch die Oktaven. »Gehen Sie doch sonst wohin! Verschwinden Sie, Sie…Sie Weihnachtsmann!«

Grußlos hoppelte ich aus diesem Geschäft.

Wenn zwei Schränke auf einer Schranke
stehen,
ist eine beschränkte Schranke zu
sehen.

Humangeologie

Da hatten wir es wieder. Meine Finanzen waren keine mehr. Dafür war der Monat fast noch vollständig.
Da ich meine Eltern antiautoritär erzogen hatte, folgten sie meinen Befehlen nicht und gestanden mir kein Taschengeld für einen Nachtragshaushalt zu. Ich mußte selber meinen Etat aufbessern. Steuererhöhungen und Umschichtungen schieden aus (was sollte ich auch umschichten?). Also Arbeit.
Ich schnappte mir den wohlgenährt aussehenden Anzeigenteil der Wochenendzeitung und studierte denselben.
Schon zwei Stunden später fand ich etwas Passendes: »Wohlhabendes Ehepaar sucht kinderliebende(n) Dame/Herren zwecks Sonntagsbeaufsichtigung unseres Sohnes. Näheres unter…« – dann folgten Zahlen. Ich rief dort an. Nach dreimaligem Klingeln nahm man den Hörer ab. »Hallo?«, fragte es mich.
»Guten Tag. Ich las in der Zeitung Ihre Annonce«, sagte ich mit Betonung auf dem »ong«. »Maaama!«, quäkte es in mein Ohr. »Da ist wieder so ein Sklaventreiber.« – »Ach, Wolfi, ich habe dir schon hundertmal gesagt…Ja, Offenthier. Guten Tag.«
Wieder sagte ich das mit der Annonce.
»Ja, wissen Sie, wir nehmen natürlich nicht jeden dahergelaufenen Menschen. Davon hatten wir heute

schon drei. Was sind denn so Ihre Erfahrungen mit der Kindeserziehung?«

Genaugenommen hatte ich nur Ahnung von Hunden und Kaninchen, aber ich sah das nicht so eng und lobpreiste die Pädagogiktheorien des Humangeologen Erwin Menstein.

Frau Offenthier war offenbar zufrieden mit meinen Kenntnissen und teilte mir mit, daß ich pro Stunde fünfunddreißig Mark erhalten und am Sonntag zwischen fünfzehn und fünfzehn Uhr dreißig erscheinen sollte. Mit diesen Konditionen erklärte ich mich einverstanden. Ich bekam noch eine ungenaue Wegbeschreibung und verabschiedete mich.

Pünktlich zwischen um drei und halb vier drückte ich in einer vornehmen Villengegend auf den Klingelknopf eines riesigen Hauses. Hier konnte ein Ehepaar jahrelang aneinander vorbeiwohnen, wenn es gewisse konfliktreiche Situationen erforderten.

Eigentlich rechnete ich damit, daß mir von einem weißbehaubten Dienstmädchen geöffnet würde. Statt dessen machte ein kleiner freundlicher Junge die Tür auf und begrüßte mich liebenswürdig mit: »Na, du Doofer!?«

»Guten Tag!«, erwiderte ich und streckte meine Hand aus, die jedoch keinen Halt fand. »Darf ich dir die Hand schütteln?«, fragte ich nach einiger Zeit. Widerwillig fuhr er seinen Greifer aus. Ich nahm ihn beim Handgelenk und schüttelte kräftig alle dranhängenden fünf Finger. Es stand 1:1.

»Oh, Sie haben sich schon bekannt gemacht?«, trällerte mir eine Frau entgegen und lächelte mich mit ihren dritten Zähnen falsch an.

Mit der einen Hand begrüßte sie mich, mit der anderen fuhrwerkte sie mittels eines Pinsels in ihrem Gesicht herum. Ich bekam einen kurzen Überblick über die Räumlichkeiten. Kurz darauf entschwebte sie mit ihrem Gatten. Allerdings vergaß man nicht, uns zu ermahnen, schön brav zu sein. Dann waren wir allein.

»Na, was wollen wir spielen?«, fragte ich meinen kleinen Schützling.

»Terminator!«, antwortete dieser.

Die Rollen hatte Wolfi schon verteilt. Während er mit seinem knappen Meter Körpergröße den Part des Superhelden übernahm, verkörperte ich das doppelt so große Böse von Erde und Milchstraße. Mein Gegner ließ keinen Zweifel daran, daß er fest entschlossen war, im Universum nur die Guten übrig zu lassen. Mit einem heulenden und wild blinkenden Kunststoffschwertchen schlug er auf mich ein. Nur durch Verbarrikadierung in der Küche konnte ich mich erst einmal meiner Ausrottung entziehen. Hinter einem Schrank und einem Stapel Diätkochbüchern hockend, überdachte ich meine Lage und kam mit mir überein, mich durch Suizid aus der Affäre zu ziehen.

Ich bohrte mir ein Kartoffelmesser in meinen Ledergürtel, garnierte das Ganze mit ein paar Ketchupspritzern, räumte leise die Möbel vor der Tür weg und schloß auf. Dann legte ich mich auf den Fußboden und harrte der Dinge, die da kommen sollten.

Nach einer Viertelstunde auf den kalten Küchenfliesen wurde ich ungeduldig. Außerdem fror ich. So beendete ich mein Totendasein. Ich erhob mich und schaute aus dem Fenster. – Terminator Wolfi saß im hauseigenen Buddelkasten und backte Sandkuchen.

Wutentbrannt wollte ich ins Freie stürzen. Doch in diesem Moment stand Wolfi abrupt auf und ging ins Haus. Blitzschnell legte ich mich auf den Fußboden zurück, um mein Leichenleben fortzusetzen. Schon knarrte die Küchentür. Als Wolfi meiner gewahr wurde, verschluckte er sich. Dann wurde es vor meinen geschlossenen Augen dunkler und wieder heller. Ich wurde von allen Seiten begutachtet. Nun blieb es eine Weile hell. Nur hinter mir klapperte es.

Plötzlich war mein Gegner dicht über mir. Sein erregter Atem streifte mein Gesicht. Es knarzte und krachte. Noch wagte ich nicht die Augen zu öffnen.

Dann mußte ich niesen – einmal, zweimal…es hörte nicht mehr auf.

Wolfi sank erleichtert an die Wand. »Du lebst ja doch noch!«

»Ja, noch!«, erwiderte ich zwischen zwei Niesern.

»Und ich dachte schon…Sonst hätte ich nämlich ganz schöne Schimpfe bekommen. Ein Glück, daß mein Test erfolgreich war.«

»Hatschi!«, stimmte ich lautstark zu und schenkte der Pfeffermühle in seiner Hand einen haßerfüllten Blick. Als Wolfis Eltern zurückkamen, war ich schon längst bei meinen Hunden und Kaninchen. Die setzen mir zwar auch zu, aber Science-Fiction kennen sie nicht . Ja, sie können es noch nicht einmal aussprechen.

Es gab mal eine Eins.
Diese Eins hieß Heinz.
Mal Null war sie Keins.
Mal Eins war sie Heinz.

Zeitverschiebung

Nun war doch tatsächlich einer der seltenen Umstände eingetreten, daß sich eine Lehrerin in selbigen befand. Und zwar in anderen. So mußte uns, mangels Vertretungslehrer, eine Freistunde gewährt werden. Das es die letzte war, hatten wir früher Schluß.
Mein Freund Bernfried und ich saßen im Bus auf dem Weg nach Hause. Manche nennen uns Dick und Doof, dabei bin ich gar nicht dick, sondern eher untergewichtig. Im Bus kamen uns immer die besten Ideen, für ein interessanteres Leben. Zum Beispiel hatten wir uns überlegt, aus welcher Höhe das Wasser fließen müßte, um die kürzlich im Bezirk wiedererrichtete Windmühle damit anzutreiben. Auch ein passendes Volkslied war uns eingefallen: »Es klippt die Bache am mühlenden Rausch, klapps-mühl, klapps-mühl, klapps-mühl.«
Heute fiel uns nichts ein.
Um wenigstens etwas zu sagen, meinte Bernfried: »Morgen ist Donnerstag.«
»Nein«, widersprach ich, »morgen ist Freitag, denn gestern war Mittwoch.«
»Stimmt. Sonst hätten wir gestern Ausfall gehabt und wäre gestern heute morgen, nämlich Donnerstag.«
»Eintönig, diese regelmäßige Anordnung der Wochentage.«

»Man müßte die Tage viel variabler aneinanderreihen können, wo Flexibilität heute so wichtig ist«, ergänzte Bernfried.

»In der einen Woche käme der Freitag nach dem Montag und in der anderen schiebt man noch einen Sonntag dazwischen. Nur am Monatsende sollte die Häufigkeit der Tage in der Summe stimmen.«

»Das wird die Welt verändern!«

Auch wenn wir noch nicht genau wußten, wer wann wie welche Tage festlegt, bekamen wir Lust auf eine Revolution und fuhren zum nächsten Kino.

An der Kasse legten wir jeder neun Mark ins Tellerchen, soviel wie eine Karte am Kinotag, also mittwochs, kostet.

»Und?!« Das Fräulein hinter der Scheibe schaute uns erwartungvoll an.

»Wir wollten gerne einen Film ansehen«, sagten wir einfältig.

»Ja, so ein Zufall, dann legt mal noch sechs Mark drauf«, wurde das Hinter-der-Scheibe-Fräulein frech.

»Warum? Heute ist doch Mittwoch und Kinotag«, rief Bernfried laut und deutlich, damit die hinter uns Stehenden wußten, was los war.

»Nein, nein, heute ist Donnerstag, der siebenundzwanzigste.« Die Kassiererin bemühte sich um Fassung.

»Ja, heute ist der siebenundzwanzigste, aber ein Mittwoch, wo die Karten billiger sind, stimmt's?« Die Schlange hinter uns nickte.

»Wirklich?«

»Jaaa«, schallte es ihr wie im Kasperle-Theater ent-
gegen.
»Na gut. Wenn das alle sagen.«
Wir bekamen unsere Karten und die Revolution
rollte.
Voll unseres Triumphes lehnten wir uns in den Kino-
sesseln zurück. Clint Eastwood konnte kommen.
Erstmal kam ein anderer. Nämlich der Marlboro-Cow-
boy mit seinen Freunden. Danach flammte auf der
Leinwand der Schriftzug auf: »Walt Disney Pictures
present's«
Schön, daß es noch Vorfilme gab.
Eine Stunde später lief der Vorfilm noch immer. Das
Videotorium murrte schon.
Ich schlich mich zum Vorführraum.
»Wann fängt denn der Hauptfilm an?«
»Der läuft doch«, grinste die Kassiererin.
»Mittwochs kommt Micky Maus.«

Lieber ein greises Haupt,
als ein enthaupteter Greis.

Tante Hedwig

An einem wunderschönen Samstagmorgen brachte uns
die Postfrau einen hellblau parfümierten Brief. Voller
böser Vorahnungen riß ich ihn auf. Er lautete:

»Ihr Lieben!
Neulich war meine Bekannte (die Erna, wißt ihr) zum
Kaffee hier. Ich hatte schönen Pflaumenkuchen vom
Bäcker Linzer geholt. Übrigens hat der wieder gehei-
ratet. Eine Jungsche. Ganz unsympathisch, die Frau.
Erna erzählte mir vom Besuch bei ihren Kindern. Der
Kleine ist herzig, sag' ich euch. Erna hat mir ein Foto
gezeigt und gerade, als ich Fotos von euch zeigen wollte, klingelte es. Ich bin natürlich sofort zur Tür. Was
glaubt ihr, wer da stand? NIEMAND! Es war gar kei-
ner da. Der Nachbarjunge hatte einen Klingelstreich
gemacht. Ein Lauser, sag' ich euch. Eure Vase paßt
übrigens phantastisch in die Küche. Die Blumen hole
ich jetzt vom Müller. Die alte Frau Morell ist ja gestor-
ben, jetzt ist da so eine Aufgetakelte drin. Die führt
den Laden jetzt. Seitdem gehe ich nur noch zum Müller.

Ach, ich werde euch nächsten Sonnabend besuchen
kommen!

Viele Grüße,
        Tante Hedwig«

So lautete die Schreckensnachricht. Daß der Brief erst
an ihrem Besuchstag ankam, war Absicht. So verhin-
dert Tante Hedwig, daß wir ihr abschreiben.
Am Nachmittag traf die »Heißerwartete« ein. Nach-
dem Küche, Bad und alle anderen Wohnräume als
unordentlich und nach Großputz schreiend eingestuft
worden waren, war die Abendbrotszeit schon heran-
gerückt.
Am nächsten Morgen hatten meine Eltern plötzlich
eine Einladung zu irgendwelchen Bekannten. Ich hatte keine Einladung und blieb in den Fängen meiner
geliebten Tante. Während sie unser verdrecktes Ge-
schirr spülte, fragte sie: »Wer macht bei euch eigentlich sauber? Also du bestimmt nicht! Du hast ja nur
deine Verpflichtungen. Du bist doch nie da! Wo ist
denn die hübsche Teekanne? Wer hat die denn fallen
lassen? Aber ich habe es kommen sehen. Eigentlich
wollte ich…Hier ist ja auch eine Ecke abgeschlagen!
Habt ihr überhaupt noch saubere Handtücher?…« Inzwischen hatte ich mit einer Frau, die sich verwählt
hatte, telefoniert und zog mich nun an, um den Hund
auszuführen. Ich steckte noch einmal den Kopf in die
Küche. »…Wie der mich angeguckt hat! Da nahm ich
das Nudelholz und…Wo ist denn der Deckel von der
rosa Zuckerdose?«
»Ich weiß nicht!«, rief ich zaghaft.
»Das kann ich mir vorstellen. Du weißt gar nichts. Du
hast nur deine…«

Doch da war ich schon samt Hund draußen und schlich geduckt zur Gartentür. Durch das geöffnete Küchenfenster hörte ich, wie Tante Hedwig unsere ihrer Meinung nach speckigen Kacheln beschimpfte. Aber sie hatte es ja kommen sehen!

Ich durfte nicht zu lange mit dem Hund spazieren gehen, weil ich alle halbe Stunde ein »Ja«, »Nein!« oder »Siehste« einwerfen mußte.

Nach zwanzig Minuten kehrte ich zurück und Tante Hedwig die Küche. Kaum war ich im Haus, rief ich ihr zu: »Na, sowas!«

Sofort kam es zurück: »Was ist denn mit dir los? Ich habe doch gar nichts gesagt. Wo warst du die letzten zwei Minuten?«

»Auf der Toilette.«

»Aha, auf der Toilette. Und nicht mal abgemeldet hast dich! Da hätte ich mir ja alles sparen können! Also, wo war ich stehen geblieben? Ach ja, ich durfte eure speckigen Kacheln putzen! Ich habe euch durchschaut. Ihr ladet mich nur ein, damit ich bei euch putze! Eure Methoden sind mir hinlänglich bekannt. Ihr braucht mit nichts mehr vorzumachen! Was ist denn das da hinter dem Herd? Rosa!! Das ist doch nicht etwa der Deckel von der rosa Zuckerdose!? Tatsächlich!«

›Mist‹, dachte ich. Den Deckel hatte ich vor einer Woche fallen lassen und schnell hinter den Herd geschoben.

»Du gehörst auch schon zu der neuen Gesellschaft. Du wirfst alles weg! FRÜHER! Ja, früher…Aber jetzt hast du mich aus dem Konzept gebracht. Eigentlich wollte ich…« Doch da war ich schon aus dem Fenster

gesprungen. Dummerweise vergaß ich, daß wir Paterre
wohnten.

Aber das merkte ich erst, als ich überlebte.

Die Oma lief mit ihrem Stock
in 'nem Großkaufhaus Amok
Dieser Scherz ging ihr ans Herz.
Seitdem liegt die Oma im Koma.

»Ju-huheh-eri!«…[*]

…rief der größte der drei Weisen aus dem Morgenland, als der die Treppe zum Bad emporrutschte. Seine Großmutter lieferte ihm den Stoff aus dem die Träume sind. So, wie er es mochte. Klischees und Schaum. Der Computer hackte, er war zu dick. Doch das machte nichts. Eier geben auch noch 'ne Mahlzeit, wenn sie angeknackst sind. »Wunderbar!«, schoß es ihm durch den Kopf. »Jede Stufe ein Stück höher.« Der Atem der Großmutter erreichte ihn. Traumbilder umhüllten seine torkelnde Gestalt. »Schluß damit. Ich will nicht mehr.« An die kalte Wand gelehnt. Luft geholt. Treppenhausluft. Oma ist tot. Reale Wände trugen die Decke. Kam sie herunter? Stürzte sie herab?!?! Zum Fenster! Retten und springen. Springen in den Tod. Zur Oma. Vorher aber noch Zähne putzen.
Er wollte nicht mit Mundgeruch vor Gott stehen.

[*]Diese und die folgende Geschichte ›Mopnd‹ (kein Druckfehler!) sind Anderthalb-Minuten-Geschichten. Sie entstanden in Arbeitspausen während meiner Tätigkeit für *Das Magazin* – 90 Sekunden Schreiben ohne Unterbrechung und Konzept.

Erhält man bei dem Versuch,
etwas zu erhalten,
nichts,
so ist das ein ergebnisloses Resultat.

Mopnd

Im Grunde meines Seins bin ich ein Nichts und weiß nicht, inwieweit Marmelade reicht, um den Weg zum Mond zu beschmieren. Aber die meisten Brotaufstriche sind zu dünn, verlaufen und kleben nicht genug fest auf dem Weg zum Mond. Der dort oben wie eine runde Scheibe Käse am Himmel prangt. Nach und nach frißt ihn die Himmelsmaus. Bis er weg ist. Dann muß eine neue Scheibe angeschnitten werden. Der Urmond wird immer schmaler, wie die Brücke, die uns vom Lebensende trennt. Laßt uns singen ohne Worte und Melodie. Den stummen Gesang pflegen. Das Summen des Schweigens schrillt wie eine Sirene im Raum der Zeit. Seid bereit!

Frühlingsgefühle

Die Sonne lacht.
Der Frühling ist erwacht.
An Baum und Busch
kein Blatt, hinter das ich könnt' husch.

Mir wir ganz warm
und das nicht nur vor Scham.
Wer hätt's gedacht?
Ich hab'
in die Hosen gemacht.

Das Gebiß im Komposthaufen

Gerade als ich die letzten Reste des Joghurts aus dem Becher kratzte, legte der Opa die Prothese auf den Tisch. Mein Joghurt mit Fruchtzubereitung kam beinahe wieder zurück nach oben, um zu gucken. Der Opa sagte nur: »Das fand ich im Komposthaufen.«
Und ich sagte: »Aha.«
Was der Opa da zwischen Daumen und Zeigefinger hielt, ließ sich deutlich als Teil eines Gebisses identifizieren. Ich guckte den Opa fragend an. Er klapperte aber mit seinen Zähnen und wischte etwaige Vermutungen fort: »Alle noch drin.«
Unter Zuhilfenahme eines Vergrößerungsglases untersuchten wir das Corpus Dentisti. Es handelte sich um zwei Backenzähne, die durch einen Metalldraht verbunden waren, der an einem Ende die Form eines Häkchens hatte. Mit meinem Messer kratzte ich ein wenig Erde ab.
»Du schmierst die ganze Marmelade dran.« Da hatte der Opa Recht und ich griff zum unbenutzten Eierlöffel.
»Könnte Teil einer Prothese von links oben sein«, vermutete ich. Wir verglichen mit Opas.
Es stimmte. Die Klärung dieser Frage bedeutete jedoch nur einen Teilerfolg. Viel interessanter erschien uns, wessen Kauhilfe wir eigentlich besaßen.

Wir versuchten, das Problem durch den Fundort einzukreisen. Der Komposthaufen. War dieser Hügel Erde mehr als nur ein Friedhof abgestorbener Pflanzenteile? Immerhin befand er sich schon seit jeher in dieser Ecke des Gartens, und ich war inzwischen die fünfte Generation, die in Haus und Garten zumindest in den Ferien aufwuchs.

»Tante Martha?«, fragte ich.

»Nein, Friedhof Bendeleben.«

»Tante Trude?«

»Sömmerda.«

»Fräulein Lauerwald?« Fräulein Lauerwald war eine pensionierte Lehrerin und Untermieterin meiner Urgroßeltern gewesen, deren wöchentliche Besuche der Toilette eine halbe Treppe höher ob ihres würzigen Odeurs legendär waren.

»Fräulein Lauerwald?« Opa wurde nachdenklich. »Kann eigentlich nicht sein. Kann eigentlich alles nicht sein. Denn ich habe den Kompost so oft nach Regenwürmern durchwühlt, da hätte ich doch was merken müssen.«

Der Haufen schien wirklich nur der Humusproduktion zu dienen, jener Bodenart, die den Genitiv so schlecht verträgt.

Wir ergingen uns noch in tausend Vermutungen, ohne eine logische Lösung des Prothesen-Problems.

Wer sachdienliche Hinweise dazu geben kann, möge sich bitte bei uns melden.

Und die Selbstkontrolle nicht vergessen!

Hinten oben links.

Wissen schafft Wissenschaft!

Tante Hedwig und Albert Einstein

Nun also doch. Mit zittrigen Fingern hielt meine Mutter den Brief, der soeben eingetroffen war, in den Händen.

Sicher, jeder hatte damit gerechnet. Aber wenn es so schnell eintrifft…

Tante Hedwig, eine Schwester meiner Oma, hatte uns ihren Besuch angekündigt.

Meine Mutter begann sofort zu putzen. Schließlich blieben ihr nur noch knappe drei Tage, um unsere Wohnung keimfrei zu machen. Vor Jahren hatte ich meinem Hund als Gag beigebracht, auf das Kommando »Gib Pfötchen!« nicht die Vorderpfote, sondern ein Hinterbein zu heben, ohne daß er dabei sein Ventil öffnete. Ich unterzog ihn nun schleunigst einer Gehirnwäsche, wer weiß, wie Tante Hedwig das sonst auffassen würde.

Mein Vater, nach meiner Mutter das Oberhaupt der Familie, fuhr mit dem Wagen drei-, viermal durch die Waschanlage und arbeitete dann weiter an einem Vortrag.

Es war soweit. Tante Hedwig würde in der nächsten Stunde eintreffen. Nervös zupften meine Eltern an sich und an mir herum. Wenigstens die Kleidung sollte korrekt sein!

»Juchhuu!«, jauchzte es im Garten und wir öffneten die Tür. Wir ließen uns anschauen, umarmen und wieder anschauen. Die Tante wurde von meiner Mutter an den Kaffeetisch gesetzt, während mein Erzeuger und ich die Koffer hereintrugen. Dann begann Tante Hedwig zu erzählen.

»Ich habe ja sofort gesehen, daß ihr etwas in eurem Haus getan habt. Naja, gut, über den Sand auf dem Schuhabtreter möchte ich hinwegsehen. Aber sonst ... Die Postfrau bei uns hat eine schwere Lungenentzündung. Ist ja selbst schuld, die Frau. Arbeitet von früh um fünf bis nachmittags. Da mußte es ja so kommen. Also, der Garten von eurem Nachbarn....«

Etwa zwei Stunden später unterbrach meine Mutter die Tante und wies darauf hin, daß es angebracht sei, sich salonfein zu machen, denn um neunzehn Uhr hielte mein Vater einen Vortrag vor erlesenem Publikum im Festsaal der Universität.

Verhaltenes Gemurmel erfüllte den Saal. Irgendwo wurde leise gelacht, doch sonst sahen alle ernst und gelehrt aus. Stühle wurden gerückt, Kleider rauschten, und der Schmuck der Damen funkelte.

Wir hatten in der ersten Reihe Platz genommen, und Tante Hedwig setzte sich mit ihrem roten Samtkleid in Positur.

Mein Vater sollte einen Vortrag halten über die Arbeit von Einstein mit dem verheißungsvollen Titel: »Die von der molekulartheoretischen Theorie der Wärme geforderte Bewegung von in ruhenden Flüssigkeiten suspendierten Teilchen«.

Den Abend sollten eine Diskussion und ein Essen abrunden.

Obwohl mein Herr Papa nur die drei Stufen zum Podium erklommen hatte, klatschten die Leute laut Beifall. Nach dieser Begrüßung begann er: »Einstein. Er war zwei Jahre mit Marie Mileva verheiratet, als er 1905 an der Universität Zürich promovierte und dort die Arbeit über ›Die von der molekulartheoretischen Theorie der Wärme geforderte Bewegung von in ruhenden Flüssigkeiten suspendierten Teilchen‹ schrieb. Eine nicht unbedeutende Arbeit, so meine ich. Denn der junge Einstein hatte sich einem Thema gewidmet, dem die damalige Wissenschaft nicht die ihm zukommende Beachtung schenkte. Wenn er auch seinen Weltruhm 1919 – in diesem Jahr ließ er sich von Marie Mileva scheiden und heiratete seine Cousine – wenn auch sein Weltruhm offiziell von der Bestätigung seiner Vorhersage der Lichtableitung im Gravitationsfeld herrührte, hat die Forschung auf dem Gebiet der von der molekulartheoretischen Theorie und so weiter…, möchte ich behaupten, nicht unwesentlich dazu beigetragen!«

Ein Herr hob seine Hand, und mein Vater wurde blaß. Professor Mohns, denn um keinen geringeren handelte es sich, würde doch nicht etwas auszusetzen haben?! »Bitte, Herr Professor Mohns.«

»Entschuldigen Sie, aber meiner Meinung nach hat Einsteins Arbeit ›Über einen die Erzeugung und Verwandlung des Lichtes betreffenden heuristischen Gesichtspunkt‹ in der von Ihnen behaupteten Weise zu Weltruhm beigetragen.«

»Das habe ich nicht ausgeschlossen, verehrter Professor Mohns. Aber den größeren Anteil daran, hat doch ›Die von der molekular…‹ et cetera gehabt.«
Da meldete sich plötzlich Tante Hedwig. Das Gesicht meines Vaters war nicht mehr als blaß zu bezeichnen. Es wurde porentief weiß. Er nickte ihr stumm zu.
»Werter Herr Referent«, dankbarer Blick vom Podium, Tante Hedwig hatte sich wenigstens nicht als Verwandte zu erkennen gegeben, »lieber Herr Professor, Sie beide haben Unrecht.« Eine Welle des Raunens ging durch den Saal. »Sie müssen wissen, daß ich mich, bevor ich hierher ging, ein wenig über Einstein informierte.«
›Guck an!‹, dachte ich. Deswegen wollte sie unsere Hausbibliothek kennenlernen.
»Jaha, und was mußte ich feststellen!? Der gute Albert war sehr eigensinnig, auf seine persönliche Freiheit bedacht und faul. Tja, ja. Und nun frage ich Sie, meine Damen: Kann man mit so einem Mann eine richtige Ehe führen?! Ein harmonisches Zusammenleben haben??« Die inzwischen auch wieder geistig anwesenden Gelehrtengattinnen schüttelten die Köpfe. Manche warfen ihrem Mann einen Seitenblick zu.
»Aber meine Liebe«, warf Professor Mohns ein, »Sie können doch nicht behaupten, Einstein, der große Albert Einstein, war faul.« Zustimmendes Gemurmel von Seiten der Herren. Nur mein Vater schwieg.
»Oh doch, Herr Professor, denn hätten Planck, von Laue oder Minowski – meine Damen, Sie brauchen sich nicht zu schämen, ich kenne die drei auch erst seit heute nachmittag – hätten diese Männer nicht prak-

tisch bewiesen, daß Einsteins Theorien zutreffen, wären es eben nur Theorien geblieben, und man hätte sie vergessen.«

»Und was hat uns denn die Relativitätstheorie gebracht?«, fragte nun eine Frau in den eher schon allerbesten Jahren. »Der Mann hätte damals lieber eine vernünftige Waschmaschine erfinden sollen!«

Das Gelächter der Herren wurde vom Beifall der Damen übertönt.

»Außerdem«, rief Tante Hedwig, »den größten Anteil an Einsteins Weltruhm hat Marie Mileva! Sie hat unter seinen Launen, seiner Eigensinnigkeit leiden müssen. Sie gab ihm die Kraft, den Spott der Kollegen besser zu ertragen!«

Mein Vater verließ das Podium. Heute würde er wohl nicht mehr zu Wort kommen. Dafür kamen um so mehr andere Herren und Damen dazu. Die Männer waren eindeutig dagegen, daß die Waschmaschine nützlicher als die Relativitätstheorie sei, wurden aber vom anderen Geschlecht zurecht- und darauf hingewiesen, daß die Waschmaschine doch wichtiger ist und Marie Mileva den Nobelpreis verdient hätte.

»Was ist denn Einstein für ein Mensch gewesen? Heiratet seine eigene Cousine!«

»Blutschande!«, kam es schrill von irgendwo.

Die Köche schauten ab und zu mit niedergeschlagener Miene herein. Schon längst hatten sie es aufgegeben, das ursprünglich warme Bufett auch warm zu halten. War es eben kalt.

»Meine Damen, Einstein ist und bleibt der bedeutendste Wissenschaftler unseres Jahrhunderts.«

»Lieber Doktor Hirserich, Einstein hat nichts, aber auch gar nichts geleistet, von der Atombombe mal abgesehen!«
»Daran ist er doch gar nicht schuld, gnädige Frau.«

Tja, wie sagte der gute Albert einmal:
»Ein Abend an dem sich alle Anwesenden völlig einig sind, ist ein verlorener Abend.«

Dieser Abend war gerettet.

Strumpfstaub

Meine Socken
sind so trocken.
Ungleich nasser
ist das Wasser.
So kam es,
daß ich sie ins Feuchte
scheuchte.

Wasser über!

»Ich muß maaal!« Die Badezimmertür ächzte unter den Faustritten und Fußschlägen – nein, andersrum. Doch war mir das genaugenommen egal. Mich kümmerten auch nicht die dringenden Geschäfte des Badezimmertürrabiators. Ich lag in der Wanne.
»Gleich kann ich für nichts mehr garantieren!«, drohte der Geschäftemacher.
»Ich zähle bis drei!«
Der Mensch nervte.
»Eins…zwei…«
Da begann eine Bohrmaschine zu lärmen. Jetzt würde ich wohl nie mehr erfahren, ob der gepeinigte Peiniger bis drei zählen konnte. Und auch nicht, wie sich der Konflikt in der Wohnung über mir löste. Es sei denn, es finge an zu tropfen.
Für mich gab es nichts Schöneres, als Sonnabend morgen in der Wanne zu liegen und das Familienleben der anderen mitzuerleben. Übrigens lag ich im dunkeln. Das war kein Zufall. Denn eigentlich befand ich mich nicht in einem Bad, sondern in einer sogenannten Naßzelle, und das Licht hatte ich nicht eingeschaltet, weil man so viel besser lauschen kann.
Das nächste, was ich erlauschte, war das Klingeln des Telefons. Eine recht melodische Tonfolge, fand ich. Nach dem dritten Klingeln begriff ich. Den hohen

folgten tiefe Töne, die sich aber zunehmend ihren Vorgängern anpaßten, und schließlich endete das Signal in Höhe des Anfangstones. Das vierte und fünfte Klingeln untermauerte meine Erkenntnis. Beim sechsten erhob ich mich aus den Fluten, tastete mich an der Waschmaschine entlang zur Tür, öffnete diese und als das Telefon zum achten Ruf ansetzte, zog ich seinen Stecker heraus. Danach tropfte ich zurück ich meine Dunkelkammer und ließ mich in die Wanne plumpsen.

Irgendwie schien mein Badewasser an Menge zu verlieren. Eben noch im warmen liegende Körperteile wurden unvermutet der kühlen Außenluft ausgesetzt. Ich überprüfte den Stöpsel. Tatsächlich. Er hatte seinen Posten verlassen und hopste im Takt der Wellen auf und ab. Sofort drückte ich den Deserteur an den ihm zugewiesen Platz. Soweit kommt's noch! Dann ließ ich warmes Wasser nachlaufen. Während es blubbernd den Flüssigkeitsverlust ausglich, vernahm ich eine melodische Tonfolge.

Ich folgte dem Waschmaschinenpfad, gelangte zur Tür, drückte die Klinke herunter und patschte ins helle. Das Telefon blickte mich treuherzig an. Es klingelte auch gar nicht. Nein, mein Wecker hatte den Badfriedensbruch begangen. Irgend jemand, wahrscheinlich ich, mußte ihn auf zehn Uhr eingestellt haben. Nun piepste er vor sich hin, weil er annahm, ich schliefe noch. Wenn er piepsen wollte, bitteschön. Ich steckte ihn unter ein Kopfkissen, und fortan ward er nicht mehr gehört.

Aus dem Fenster ich Haus gegenüber starrte eine Frau in mein Zimmer. Als ob es etwas Besonderes wäre, daß ein unbekleideter Mensch samstagmorgens seinen Radiowecker zudeckt. Sollte ich in Sachen baden? Mir über diese Frage Gedanken machend, holte ich aus dem Kühlschrank eine Flasche Selters und begann, die Blumen zu gießen. Es gab ja Leute, die nur im Badeanzug in die Wanne stiegen.

Plötzlich mußte ich über mich lachen. Da stand ich und wässerte unsere unechte Palme. Manchmal litt ich wirklich unter einem Anflug von Zerstreutheit.

Doch jetzt dürstete es mich nach den Familiendramen unter und über mir. Der Weg zum Raum des großen Lauschangriffs war leicht zu finden. Ein kleines Rinnsal markierte die Strecke. Vor dem Ort meiner Begierde angekommen, war aus dem Rinnsal schon ein stattliches Flüßlein geworden. Munter plätscherte es dahin. Aus dem Schlüsselloch quoll ein dampfender Strahl. Das Bad war eine richtige nasse Zelle geworden. Mir kam ein Gedanke. Ich hatte vergessen den Hahn abzudrehen! Das Versäumte schleunigst nachholen wollend, öffnete ich die Tür.

Ein Schwall brodelnden Nasses erfaßte mich. Auf einer Welle wogenden Wassers rauschte ich vorbei an Kühlschrank und Klavier, passierte das Bücherregal, dessen Inhalt mir gleich darauf folgte und erreichte das Wohnzimmer. Hier pegelte sich die Flut auf anderthalb Meter über NN ein. Ich paddelte zu einem Sessel, kletterte darauf und schaukelte ein bißchen durch die Stube. Nach einer Weile wurde ich seekrank und mußte meine Tätigkeit einstellen. So saß ich in meinem Sesselboot, die Beine baumelten im Wasser, und betrachtete die Umgebung.

Aus der Küche kamen schön hintereinander drei Kochtöpfe herbeigeschwommen. Der erste hatte den Deckel schräg aufgesetzt und erinnerte an einen Admiral zu See. Vom Flur her schipperte meine Gitarre heran. Ich angelt mir das Instrument und begann zu spielen. Dazu sang ich mehr laut als richtig: »In meiner Badewohnung bin ich Kapitän« und fand's wunderschön. Auf einmal hoben dumpfe Schläge an. Die Wohnungstür zerbarst. Kurz sah ich unseren Nachbarn mit eine Axt. Dann riß ihn die Flutwelle mit. Ich lief auf dem Klavier auf, und die ganze Herrlichkeit war vorbei.

Jede Stunde wird der Fisch im Wasser
etwas nasser.

GLX 1,4 16V

»Was macht Ihr Hering, Herr Bismarck?« Herr Alt, unser jüngster Verkäufer für Neuwagen, hatte wieder seinen täglichen Witz auf einen unserer Fahrer abgeschossen und grinste.

Walter Bismarck brummte, es sei alles im Lot. Schnell vergrub er sich in den Terminkalender auf der Suche nach Kunden, die ihren Wagen bei uns in der Werkstatt abgegeben hatten und nun darauf warteten, von Zuhause abgeholt zu werden.

Aus den Tiefen der Ausstellungshalle dröhnte die Stimme des Kundendienstleiters, der sich beschwerte, daß schon wieder zu wenig Mietwagen zu Verfügung standen und warum er das immer ausbaden müsse.

Information Desk Manager lautet meine Berufsbezeichnung. Jedenfalls nenne ich mich so, offiziell bin ich im Autohaus »die Aushilfe«.

Meine Tätigkeit besteht aus vier großen Aufgabenbereichen: der Bedienung der Telefonzentrale *(Call Center Managing)*, der Betreuung der Kunden *(Customer Service and Catering)*, der Vergabe von Inspektionsterminen *(Car Check Coordination)* und dem Leeren und Wegräumen von Aschenbechern und benutzen Kaffeetassen *(Clean and take away)*.

Dazu kamen noch Abwehr und Beherrschung kleiner Katastrophen *(Superman beeing)*.

Für zwölf Mark die Stunde eine abwechslungsreiche Arbeit, die ich ausüben darf. Ich bin dankbar dafür. Das Arbeitsklima gleicht dem Wetter auf einer Nordseeinsel: rauh aber mit lichten Momenten, die einen immer wieder zurückkommen lassen.

An diesem Tag hatte ich geholfen, das Glasauge eines Rentners aus Bottrop wiederzufinden, das ihm beim Umlegen der Rückbank in seinem Kombi abhanden gekommen war. Die Geschichte erzeugte bei den Angestellten einen Wirbelsturm an Wortspielen, in dessen Zentrum ich stand und tapfer lächeln mußte.

Ich hatte einen Kundenhund mit Wasser versorgt und dem Besitzer eines Handys hinterher telefoniert, das er in einem Mietwagen vergessen hatte. Nun war es kurz nach sechs, mein Feierabend nahte. Die Putzfrauen trafen nacheinander ein. Die einzigen, die sich vor dem Betreten des Autosalons die Schuhe abtraten. An meinem Informationstresen sammelte sich das Verkäuferrudel, um beim letzten Kaffee des Tages, über die Kunden herzuziehen. Dummerweise kamen dann noch welche. Frau und Mann. Da ich außerhalb der Gruppe stand, steuerten sie auf mich zu.

»Guten Abend, haben Sie noch offen?«

»Aber sicher. Was kann ich für Sie tun?« Ich sprach mit Sonne in der Stimme.

»Wir interessieren uns für einen Kleinwagen.«

»Möchten Sie sich erst einmal umschauen oder ein paar Prospekte mitnehmen?«

Herr Schmitt und Herr Alt eilten auf ihre Schreibtische zu, als hätten sie vergessen, die Ente aus dem Ofen zu nehmen.

Übrig blieb Herr Elefterios, den alle Terri riefen.

»Wir hätten gerne eine Beratung.«

»Bitte«, wies ich auf Terri, »der Herr hilft Ihnen gerne weiter.« Diese Lüge brachte mir einen Blick ein, der mich an ein Sprichwort erinnerte.

»Guten Abend, Elefterios. Sie wollen ein neues Auto kaufen.«

Panik huschte über die Gesichter der Angesprochenen. »Nein, wir wollten uns bloß informieren.«

»Ich hörte, Sie denken an einen KIeinwagen. Schauen Sie, das ist unser Sondermodell Jolly. Setzen Sie sich ruhig mal rein.«

Die beiden krochen in den Wagen. Terri schlenderte zu mir. »Meine Fresse«, sagte er, »wie kann so ein dünner Mann, so 'ne dicke Frau haben.«

Ich zuckte die Schultern.

»Hast du ihren Arsch gesehen?« Seine Arme beschrieben Halbkreise in der Luft.

Die Frau steckte irritiert den Kopf aus der Autotür.

»Ganz schön viel Platz drinnen, was?!«, rief Terri ihr zu. Der Kopf zog sich zurück.

»Naja, wenn die aus Versehen in einen See fahren, hat er wenigstens 'ne Rettungsboje.«

Das Paar kletterte aus dem Wagen.

»Mein Mann will einen Kombi. Aber ich finde, ein kleines Auto reicht. So oft transportieren wir gar nichts.«

»Neulich die Blumenkübel…«

»Ach was, das war einmal. Als Katharina ausgezogen ist. Dein Bruder fährt einen Volvo, den kriegst du jederzeit.«

»Der Wagen ist einer der größten seiner Klasse« , unterbrach Terri den aufziehenden Ehestreit. »Haben Sie schon mal über die Motorisierung nachgedacht ?«

»Sparsam soll er sein«, sagte der Mann und strich sich eine Haarsträhne aus der Stirn.

»Vor allen Dingen rot«, sagte die Frau und reichte ihm energisch einen Kamm.

»Warten Sie, ich hole mal ein paar Informationen.« Terri führte als bester Verkäufer die interne Rangliste an, sowohl bei der Anzahl verkaufter Fahrzeuge, als auch beim Umsatz. Doch wenn er keine Lust hatte, dann riet er, »sich alles erst mal in Ruhe anzusehen« und überreichte Kataloge und seine Karte. Er verschwand. Genauso wie die Kollegen Alt und Schmitt, die mir ein breites Grinsen schenkten. Ich wünschte ihnen einen schönen Feierabend. Wie immer. Voll von geheucheltem »Ich-meine-es-wirklich-ehrlich-mit-Ihnen«. Die Insel Autohaus prägt.

Die dicke Dame wandte sich an mich: »Hat der auch Seitenairbags?«

Ich hatte nicht die leiseste Ahnung, erwiderte aber: »Seitenairbags sind natürlich eine wichtige Sicherheitsausstattung.«

Das Schild mit der Modellbeschreibung gab mir keinen Hinweis.

»Der Jolly verfügt als Extra über ein Klimaanlage, damit sie auch in den heißestes Situationen kühlen Kopfbewahren.« Das hatte ich aus irgendeiner Werbung, konnte mir aber dieses Paar nur mühsam in einer heißen Situation vorstellen. Bestimmt schwitzte sie stark. Wo blieb Terri?

»Ansonsten ist der Wagen wie der GLX ausgestattet mit Eins-Komma-Vier-Liter-Motor und sechzehn Ventilen.« Alles stand auf dem Schild.

»Und die Seitenairbags?« Warum ritt sie so auf den Luftsäcken rum? Sie war doch gut gepolstert.

»Die Seitenairbags kommen aus den Sitzen.« Während unseres Gespräches fummelte ihr Angetrauter die ganze Zeit an der Heckklappe herum.

»Der hat bestimmt einen ganz kleinen Kofferraum«, maulte er. »Der Kofferraum wird über die Fernentriegelung in der Fahrertür geöffnet.«

Ich sauste dorthin.

»Da paßt sicher nicht mal eine Getränkekiste rein.« Ich drückte den entsprechenden Knopf. Der Kofferraumdeckel sprang auf. Leider hatte ich übersehen, daß der Mann, dessen Bruder einen Volvo fährt, sich das Schloß genauer betrachten wollte. Es gab ein schmatzendes Geräusch. Schwer getroffen, torkelte er zu meinem Info-Tresen.

»Wie kann man so ungeschickt sein?!«, fuhr seine Frau auf. Wir waren unsicher, wen von uns sie meinte und murmelten beide eine Entschuldigung. Ich flitzte zu einem Schreibtisch, um einen Stuhl zu holen. Wie aus heiterem Himmel erschien Terri. Er entledigte sich seiner Prospekte-Sammlung. Jetzt war sein Feingefühl gefragt.

»Na, als Stoßfänger taugen ihre Lippen ja nichts. Setzen Sie sich mal auf den Stuhl.«

Während Terri aus dem Kühlschrank eine Büchse Bier angelte, nuschelte unser Verletzter: »Isch krieg digge Libben.«

»So, halten Sie sich mal das kalte Bier an den Mund.
Und nehmen Sie 'nen ordentlichen Schluck. Mit diesem Mund ist das bestimmt ein ganz tolles Gefühl
beim Küssen. Da freut sich Ihre Frau. Wissen Sie, daß
der Jolly serienmäßig mit Klimaanlage ausgestattet ist?«
Die Frau war alles andere als freudig erregt, daß ihr
Mann als Mick Jagger neue erotische Reize versprach.
Stattdessen schnappte sie ihren Gatten mit den Wor-
ten: »Komm. Und laß das Bier stehen.«
Terri schaute den beiden mit schräggelegtem Kopf
nach. Dabei schürzte er die Lippen und breitete wie-
gend die Arme aus. Mich ermahnte er: »Laß bloß die
Finger von Autos und Kunden.«
»Aber du warst doch nicht da. Die wollten soviel wis-
sen. Hat der Jolly Seitenairbags?«
»Wieso, wolltest du die auch auslösen?«
»Mann, es war ein Versehen.« Ich wurde wütend. »Terri,
er wollte unbedingt, daß ich den Kofferraumdeckel
öffne. Was hätte ich denn sagen sollen?«
»Ganz einfach: Halt die Klappe.«

Wie sie mir...

Neulich als ich mich bücke,
sticht mich eine Mücke.
»He, du Stacheltier!«
sage ich zu ihr,
»Das ist aber nicht nett von dir.«
Da beginnt sie zu quieken
»Dann darfst Du mich auch mal pieken.«
Ich stech' zurück,
wobei ich aus Verseh'n
die Mück'
zerdrück'.

Reisen tun

»Nachts Tiefstwerte um minus siebzehn Grad, am Tage liegt die Höchsttemperatur bei minus sechs. Am Nachmittag ist leichter Schneefall zu erwarten.« Dort, wo ich war, klang das in etwas so: »Vi la notte di temperatura los hottes tinto gruppo estra donde y graciosa del quattros.« Es mußte ja auch anders klingen, denn es herrschte völlig anderes Wetter. Sonnenschein, dreißig Grad plus mit angenehm kühlendem Wind, gelbem Sand und grünen Palmen. Dazu das Azur des Ozeans. Herz, was willst du Meer, wenn der Pool lockt. Außerdem konnte ich im Wasserbecken in Ruhe meine Fertigkeiten im Rückenschwimmen beinwärts ausbauen.
Lanzarote hieß mein Paradies.

Jeden Abend galt es, ein fünfzig Meter langes Buffett zu erwandern. Tintenfische, Lachse, Austern, Schweine und Ochsen lagen zubereitet, zerlegt oder im Stück auf den Tischen. Kohlenhydrate, getarnt als Kartoffeln oder Nudeln, Vitamine, verkleidet als Salate und Obst sowie Kalorien versteckt in Eis und Kuchen warteten darauf, die knurrenden Touristenmägen zum Platzen zu bringen.
Getränke mußten bestellt werden.

Mich verstanden die spanischen Kellner ausgezeichnet – Cola ist international.
Mehr Probleme hatte meine Landsleute vom Nebentisch.
»Senjor, Senjor!«
»Si.«
»Una botija vino roso, per fawor.«
»Flasche Rrrrrottwein«, notierte der Ober.
»Zimmerrrnummerr?«
»Quattro cinque tres ...«
»Wie bittä?«
»Quattro cinque tres.«
Der Mann mit dem Notizblock schaute hilflos drein und murmelte etwas von einer Maria.
»Heinz, zeig ihm den Schlüssel. Wahrscheinlich ist er Ausländer.«
Heinzens Gattin unterschrieb die Rechnung für Zimmer 43 und der Ober verschwand.
»Der Kellner kann kein Ausländer sein, Murmel. Wir sind in Spanien, wir sind die Ausländer.«
»Ach Heinz, ich meine doch: Er ist kein Spanier. Wahrscheinlich irgendein jugoslawischer Fremdarbeiter. Ist man denn nirgendwo mehr sicher?!«

An diesem Abend ging ich früh schlafen. Schwimmtraining im Pool, Sonne und Essen forderten ihren Tribut. Schnell schlummerte ich ein. Helles Lachen entriß mich meinen Träumen. Irgendwo schräg über mir jauchzte ein Paar. Knarren und Quietschen. Ich betete, daß die Decke hielt. Nach einer Viertelstunde erstarb das Hörspiel mir dem Geräusch einer zum Stillstand gekommenen S-Bahn. In den folgenden Nächten gewöhnte ich mich an das Treiben und überhörte es schließlich.

In dieser Nacht allerdings kam ich selbst noch zu einem amourösen Erlebnis. Es begann damit, daß ich plötzlich erwachte, diesmal ohne zu wissen warum. Ich spürte die Anwesenheit eines zweiten. Hörte eine hohe Stimme. Eine Frau?

Sie kam näher. Dichter und dichter an mein Gesicht. Zärtlich zupfte sie an meinem Ohr. Schauer erfaßten mich. Vorsichtig schob ich den Arm unter dem Zudecklaken hervor. Ich war allein im Zimmer mit einer unersättlichen Spanierin.

Mein Ohr juckte. Ich schlug danach. Gehetztes Sirren. Laken weg, Licht an, Brille auf. Moskitos! Wie sagte die Reiseleiterin? Moskitodamen stechen vier- bis fünfmal pro Nacht. Sind größer als Mücken. Aggressiver. Ich drohte ihr mit dem Feuilleton der FAZ. Der Mörder-Mücke. Unbeeindruckt hockte sie in einer Zimmerecke. Unschlagbar durch den Winkel geschützt. Sie schien allein zu sein.

Mein Ohr schwoll an. Wenn ich den Kopf nach links drehte, drückte es.

Durch und durch von Hinterlist erfüllt, knipste ich das Licht aus und dafür das im Bad an.

Die Zeit verging. Die Müdigkeit kam.

Der Geruch von Buttersäure, die im menschlichen Schweiß vorkommt, lockt Mücken. Sicher auch Moskitos. Ich begann mit Wechselsprüngen am Toilettenbecken. Versuchte über ein mit beiden Händen gehaltenes Handtuch zu hopsen und machte Liegestütze

auf dem Badewannenrand. Bald wurde ich feucht und
hielt inne. Ganz leicht schwenkte ich die Arme, wiegte
mich hin und her. Ich fühlte mich wie Hemingway,
der sagte: Ein Mann muß wie ein Mann riechen. Ma-
dame Moskito mochte Männer. Betört tänzelte sie ins
Bad – und wurde erschlagen!

Der frühe Morgen ist die schönste Tageszeit. Deshalb war ich den tschilpenden Kanarienvögeln auch
nicht böse, sondern zog mich an für einen Spazier-
gang am Strand.
Ich schlenderte an den Liegen vorbei zum Wasser. Vor
mir stapfte ein Mann. Auf einer der Liegen kauerte
eine Katze und mauzte: »Miau.« Mein Vordermann
fuhr herum und brüllte: »Schnauze!«
Die Katze konnte kein Deutsch und wiederholte mit
Nachdruck: »Miau.«
»Schnauze hab' ich gesagt«, stellte der Brüllaffe richtig
fest und warf mit Sand.
Wer weiß, in welchen spanischen Armen der Arme
seine Gattin gefunden hatte.

Den Rest des Urlaubs freute ich mich auf Zuhause.
Da fallen Deutsche wenigstens nicht so auf.

Ich hatte gemeint,
der Himmel weint.
Doch von wegen,
es war nur Regen.

Stets zu Diensten

Nichts gegen Musik. Aber in Wartezimmern kann sie nerven. Weil ich das Gefühl hatte meine überstanden geglaubte Mittelohrentzündung würde sich wieder melden, wandte ich mich umgehend meiner Lieblingsbeschäftigung zu und ging zum Arzt. Zum Ohrenarzt. Dort saß ich nun dem Schlagerprogramm von WDR 3 ausgesetzt, das aus zwei Lautsprechern plärrte, unterbrochen von quäkenden Patientenaufrufen. Nach einer halben Stunde hielt ich die Arbeitsbeschaffungsmaßnahme meines HNO-Arztes nicht mehr aus.
»Verzeihung«, bat ich die Schwester am Empfang, »wäre es möglich, die Musik im Wartezimmer etwas leiser zu stellen?«
»Tut mir leid. Kann ich nichts machen. Ist kaputt,… Frau Hösken bitte ins Sprechzimmer 3, Frau Hösken bitte! …soll aber heute repariert werden.«
»Ach so. Ähm, wissen Sie ungefähr, wann ich dran bin?«
»Moment. Praxisdoktorriedelbertoldgutentag… Kleimoment, Herr Kowalski. …Eine halbe Stunde dauert's bestimmt noch. Sie können ja solange spazieren gehen. …Nein, Frau Hösken, die andere Tür, danke!. …Sagen Sie dann Schwester Gisela Bescheid, weil, ich bin dann weg. …So, Herr Kowalski, ich höre…«
»Ja, dann geh' ich mal«, sagte ich und tat's.

Weil es draußen aber schüttete, als hätte Petrus die Telefonnummer des Himmelsklempners verbummelt, huschte ich ins nächste Kaufhaus. Ziellos schlenderte ich durch die buntbestückten Regale, ärgerte mich bei den Spielwaren über die Firma LEGO, die ihre weltberühmte Idee der Steine mit den unendlichen Möglichkeiten durch die Produktion von Monstern und Schießspielzeug verriet und landete in der Haushaltswarenabteilung.

Ob es wohl endlich einen Toaster gab, mit dem man auf einen Streich drei Scheiben Brot, meine tägliche Frühstücksration, rösten konnte?

»Wo stehen denn die Espressomaschinen?«

Erschrocken drehte ich mich um. »Ich habe keine…«

»Bei den Kaffeemaschinen sind sie nicht. Da haben wir schon geguckt.« Vor mir stand ein Mann mit Hut. Neben ihm eine, vermutlich seine, Frau. »Oder haben Sie keine Espressomaschinen?« Der Ton in ihrer Stimme ließ mich automatisch antworten: »Ich frag mal nach.«

Auf dem Weg zur Kasse, nirgendwo sonst sah ich Personal, kam ich an den Espressomaschinen vorbei. Sie wurden an einem extra Stand präsentiert, wer wollte, konnte sich sogar mit kostenlosem Kaffee versorgen. Ich überlegte kurz, ob ich den Kunden, die mich um Auskunft gebeten hatten und von denen ich momentan nur einen Hut sah, gleich eine Tasse Frischgebrühten mitbringen sollte.

»Sagen Sie mal, normale Kaffeemaschinen haben Sie wohl nicht?!«, kam es da aus dem Hinterhalt.

»Bitte, was!?«

«Die sind mir nämlich zu teuer.« Mein neuer Kunde blickte sich hektisch um. Verstohlen musterte ich mein Spiegelbild im Edelstahlgehäuse der Espressoautomaten. Ich trug ein blaßblaukariertes Hemd und eine helle, fast weiße Jeans. Wie ein Verkäufer sah ich eigentlich nicht aus, eher wie ein Arzt.

»Sie werden doch irgendwo ganz normale Kaffeemaschinen haben.« Er schaute auf seine Uhr.

»Entschuldigen Sie, ich… ach egal. Sehen Sie dort den Mann mit dem Hut, der weiß, wo die Kaffeemaschinen sind. Dann können Sie ihn auch gleich hierher schicken, der sucht, was Sie sich nicht leisten können.« Ich erntete den freundlichen Hinweis, daß es meine Aufgabe sei, den Kunden zu helfen. Kurz bevor ich mich für ein geeignetes Schimpfwort entschieden hatte, kam ein Verkäufer auf uns zu: »Kann ich Ihnen helfen?«

»Ja.«, sagten wir gleichzeitig. Aus den Augenwinkeln sah ich einen Hut näherkommen. »Wo ist denn das Problem?«, fragte der Verkäufer dienstbeflissen.

»Hören Sie mal. Ich such' Kaffeemaschinen. Ihr Kollege will mich hier durch die Weltgeschichte schicken. Und das in einem Ton… Ich finde das un-…unmöglich.« Während seiner Anklage hatte der Kunde zweimal auf die Uhr gesehen.

»Ja, da hat er recht«, rief die Frau des Hutes.

»Ich bin hier doch auch nur…« Mein Kollege, Quatsch, der Verkäufer, fiel mir ins Wort.

»Ganz neu ist er. Das ist sein erster Tag.«

»Was!?« Ich war kurz davor, sein Namensschildchen zu verdrehen. »Naja. Da ist man den Dingen noch nicht so gewachsen. Sehen Sie's ihm nach. Sie suchen eine Kaffeemaschine?! Einfach zwischen den Wasserkocher und Friteusen hindurch bis zu den Bügelbrettern und dann rechts. Und wie kann ich Ihnen helfen?«, wandte er sich an den Hut mit Frau.

»Wir suchen Espressoautomaten.«

»Bitteschön, in Hülle und Fülle. Ich komm' gleich.« Er nahm mich beiseite. »Nicht böse sein, die Kunden haben immer recht.«

»Ich bin aber kein Verkäufer.«

»Vollkommen richtig. Espresso?«

Ich rannte zur Rolltreppe.

Wie vorausgesagt, tat in meiner HNO-Praxis nun eine andere Schwester am Empfang Dienst.

Sie telefonierte.

Als ich in ihr Blickfeld geriet, sagte ich schnell »Ich bin vorhin wegen des Radios…«

»Kleinaugnblick, Frau Bramme… Jaja, das nervt uns schon den ganzen Tag. Da muß wohl die ganze Sprechanlage defekt sein. Nicht, daß wir noch eine neue brauchen. …Geht es Donnerstag um vier, Frau Bramme?«

Etwas verloren stand ich herum. Sollte ich nochmal ins Wartezimmer gehen?

»Tschüßchen, Frau Bramme. …Frau Gutschok, Sprechzimmer 2 bitte.«

›Meine halbe Stunde müßte doch längst um sein‹, grübelte ich. Ich gab mir einen Ruck: »Wann kann ich denn nun?«

»Sofort, die Anlage steht dahinten… Susaaannne, wo sind denn die Informationsblätter für 'ne Scheidewandkorrektur? …Was ist? Haben Sie ihr Werkzeug vergessen?«

Ich bekam Kulleraugen und einen Mund wie ein Karpfen. Die Schwester rauschte kopfschüttelnd an mir vorbei ins Wartezimmer. »Frau Gutschok, kommen Sie?«

»Soll ich kommen? Ich hör' so schlecht.«

»Jaja, der Doktor wartet schon.«

»Wissen Sie, bei mir rauscht das so in den Ohren.«

Frau Gutschok erhob sich schwerfällig, packte ihre Zeitschrift auf das Tischchen in der Mitte, ihre Lesbrille in ein grünes Etui, dann verließ sie mit unsicheren Schritten das Wartezimmer. Sie lächelte mich an: »Guten Tag, Herr Doktor.«

Wer nicht hören will,
muß auch wegsehen.

Abendheiliger

Da stapfte jemand durch den Schnee. Wenn er in den Schein einer Laterne geriet, was er zu vermeiden suchte, glitzerten die Schneeflocken auf seinem Mantel. Und man konnte sehen, daß er etwas Schweres auf dem Rücken trug. Jedes Geräusch ließ ihn herumfahren und seine Schritte beschleunigen. Nach einiger Zeit wurde er allerdings wieder langsamer, weil es zu anstrengend wurde. Die Lichter eines Autos tasteten sich um die Ecke. Der Fahrer glaubte, einen Schatten weghuschen zu sehen. Jedoch forderte die verschneite Straße wieder seine Aufmerksamkeit, und er dachte nicht weiter darüber nach.

Mühsam kroch der Weihnachtsmann zwischen den Mülltonnen hervor. Selbst, wenn es keine Polizei gewesen war, mußte er ungesehen bleiben. Wie leicht, haben es da gewöhnliche Verbrecher. Kleben sich einen falschen Bart an, dicke Augenbrauen, setzen eine Brille auf… Der Weihnachtsmann konnte seinen Bart nicht einfach abschneiden. Bis zum nächsten Fest würde der nie nachwachsen. Gut, er könnte seine Brille aufsetzen, die er auch zum Autofahren benötigte. Nur, beim ständigen Raus und Rein, von der Kälte ins Warme, beschlugen die Gläser. Deshalb ließ er die Brille im Wagen. Allerdings hatte er aufgrund seiner Kurzsichtigkeit schon mal eine kleine Großmutter für den

Enkel gehalten und unter Androhung von Prügel mit der Rute ein Gedicht verlangt. Das hätte ihn beinahe seine Lizenz gekostet.

Endlich langte er beim Wagen an. Er warf den Sack in den Kofferraum (praktisch, daß man die Sitze umklappen konnte), stieg vorne ein und startete. Das Nageln des Diesels erschreckte ihn. Hoffentlich sah niemand aus dem Fenster. Mit durchdrehenden Rädern fuhr er davon. Als sich der Auspuffqualm verzogen hatte, konnte man im Schnee vier Tropfen Blut erkennen.

Die Kaffeemaschine rumorte. Würziger Duft durchzog den Raum. Von einem Plattenspieler quäkte ein Kinderchor. Irgendetwas mit Glöckchen, Klingeln und geschlossenen Fenstern. Die Scherben der einzigen Christbaumkugel, die die künstlichen Weihnachtstanne geschmückt hatte, lagen noch immer am Boden. Der Handfeger war verschwunden. Der Zeiger der Wanduhr klackte eine Minute weiter.

»Hohohohoo, draußen vom Parkplatz komm' ich her und bin die Ablösung!«

»Tür zu!« Willich zog sich demonstrativ zusammen. Krather hatte die ganze Weihnachtskälte hereingebracht und er kam zu früh. Eine widerliche halbe Stunde zu früh. Dabei besaß er eine schwangere Frau und ein zweijähriges Kind, dessen Bild in seinem Spind hing.

»Nein, ich bin der Erlöser. Schließlich ist Heiliger Abend.«

»Erlöse mich von dem Bösen, erlöse mich von ihm«, murmelte Willich.

»Jennifer hat heute zweimal Papa gesagt.«

»Nicht pipi?«, stichelte Willich.

»Und sie war… der Zucker ist alle… sie war ganz happy als sie ihr Baby-walk-Car besteigen durfte.« Krather setzte sich rücklings auf seinen Bürostuhl und schob los.

»Töff-töff, tüt-tüt. Jetzt kommt Papa! Oh, was sehe ich? Die Christbaumkugel wurde in die Tiefe gestürzt. Alle Mann zum Tatort! TATÜ-TATAAA!« Sein Knie rammelt gegen Willichs Schreibtisch.

»Kerl!!«, fauchte der.

Krather hauchte ein »sorry«, verbiß sich aber Schmerzenslaute und suchte vergeblich etwas zum Süßen des Kaffees.

»Alles schläft, einsam wacht«, behaupteten die Chorkinder. Krathers Löffel plingte in der Tasse.

Willich atmete tief durch. Er steckte in einer Sackgasse. So schön hatte alles begonnen und jetzt steckte er fest. Ein besinnliches Gedicht über die Vorteile der kooperativen Ökonomie sollte es werden, doch fehlte ihm der Reim auf joint-venture.

»Dddrrrrrrrrr«, schnarrte das Telefon

Krathers Hand bekam einen Klaps von Willichs.

»Noch hab’ ich Dienst!«

Herrje, war das glatt! Der Weihnachtsmann in seinem Golf kam sich vor, wie ein Besen auf Linoleum. Durch die dicken Sohlen seiner Stiefel spürte er kaum die Pedale. Er schaltete zurück. Es ging nur im Ersten. Durch die beschlagenen Scheiben war kaum etwas zu sehen. Da nützte ihm seine Brille auch nichts. Ein schwarzes 70er-Jahre-Gestell, für das er schon lange ein neues wollte. Aber wer sollte ihm den Wunsch erfüllen? Der Weihnachtsmann war er ja selbst und ausschließlich für die Wünsche anderer zuständig. Kontakte mit dem Osterhasen standen unter strengstem Verbot. Er würde zur Strafe sicher hoch geholt zum Wolkenaufblasen, da behielt er lieber das häßliche, alte Ding. Argus sei Dank, blieb seine Dioptrinzahl konstant.

Ah, jetzt hatte er beim Gasgeben gleichzeitig die Bremse mit erwischt. Er mußte andere Schuhe anziehen.

Krather fegte Schnee. Den Schnee, der sich auf dem Einsatzwagen türmte. Der Motor tuckerte und lief verbotenerweise warm. Gleiches tat auch Willich. Ohne zu tuckern. Dabei brubbelte er: »joint-venture, joint-venture…«. Krather verstand immer nur Joint und wunderte sich. Schließlich fuhren sie los.

»Wohin geht's eigentlich?«, fragte Krather, der es wissen mußte, weil er am Steuer saß.

»Bachstraße, Fleischerei Böff. Frau Kunze hat ein komisches Geräusch gehört.«

»Wegen der alten Kunze müssen wir raus?!?!«

»Ja.«

Als sie das Haus von Frau Kunze passierten, ließ Krather die Sirene aufheulen. Damit sie einen Schreck bekam. Vielleicht rief sie auch wieder die Polizei an. Wegen komischer Geräusche.

»Da haben wir die Bescherung«, grummelte der Weihnachtsmann. Der Golf hing mit den Vorderrädern im

Straßengraben und mit den hinteren in der Luft.
Kein Mensch hatte mit Schnee gerechnet. Der Weihnachtsmann schon überhaupt nicht. Keine Schneeketten dabei. Schön, wie Petrus ihn reinlegte. Wenn er den erst unter den Bart bekam. Wetterfuzzi!
Jetzt wäre natürlich sein Schlitten von Vorteil. Aber in der Stadt fiel man damit zu sehr auf. Lieber mischte er sich mit seinem VW unter die verkleideten Studenten. Er hatte nur anhalten und das Schuhwerk wechseln wollen. Sein Fuß war von der Bremse aufs Gas gerutscht und gleich darauf der Wagen von der Straße. Ausgerechnet, wo er dringend aus der Stadt verschwinden mußte. Himmel nochmal!

Die Fleischerei befand sich auf der Rückseite von Frau Kunzes Haus. Seit einiger Zeit wurde an der nächsten Querstraße gebaut. Zuerst verlegten die Gaswerke Rohre, rissen einen langen Graben auf und machten ihn als sie fertig waren wieder zu. Danach platzte ein Wasserrohr. Der Schaden konnte schnell behoben und die nötigerweise aufgerissene Straße repariert werden. Alsdann zogen die Elektrizitätswerke neue Kabel für die Straßenbeleuchtung, wozu nur ein kleiner Graben benötigt wurde, der bald geschlossen war.
Das Straßenbauamt hatte nun kürzlich die Idee gehabt, trotz der kalten Jahreszeit eine neue Bitumendecke aufzutragen, weil die Strecke doch so oft geflickt worden war.
Deshalb mußte die Polizei einen Umweg nehmen, der hinter dem Gutspark entlang führte.
»Sieht nach Unfall aus«, konstatierte Krather.

»Dann halt mal an.«

Der Wagen blieb stehen.

»Guten Abend, Polizeiobermeister Willich. Sie sind von der Straße abgekommen.«

»Da ist mir auch schon aufgefallen«, witzelte der Weihnachtsmann und setzte hinzu, weil sowieso alles verloren schien: »Ich bin der Weihnachtsmann.«

»Polizeiobermeister Krather«, nutzte Krather die Gelegenheit, sich endlich vorstellen zu dürfen.

»Zeigen Sie mal Ihre Papiere.«

Willich war neugierig, wie der Weihnachtsmann mit Vornamen hieß. Dieser kramte seine Brieftasche hervor und reichte Führer- und Fahrzeugschein.

»Claus Maria«, las Willich laut. »Besitzen Sie keinen Nachnamen?«

»Entschuldigung, nein. Ich bin doch der Weihnachtsmann.«

»Hauchen Sie mal meinen Kollegen an.«

Claus Maria hauchte.

»Nischt. Riecht bloß nach Zwiebeln.«

»Wir ziehen Sie raus.«

Fünf Minuten später stand der Golf sicher auf der Straße.

»Darf ich Ihnen einen Wunsch erfüllen?« fragte der Weihnachtsmann.

»Für mich das After Shave *Wild Dreams* und einen Nerz für meine Frau«, antwortete Krather so schnell, als ob er schon vorher darüber nachgedacht hatte. Und das hatte er. Der Weihnachtsmann wollte schon zum Sack im Kofferraum greifen, als ihm dessen Inhalt in den Sinn kam. Er griff zum Ersatzsack im Handschuhfach, schwang ihn dreimal über dem Kopf und überreichte das Gewünschte. Krather stammelte danke und Merry Christmas.

»Wollen Sie nichts?«

»Nö«, sagte Willich.

»Gut, dann werde ich mal weiter.«

Die drei stiegen in ihre Wagen.

»Halt! Doch. Kennen Sie einen Reim auf joint-venture?«

»Genscher. Fröhliche Weihnachten.«

»Danke, gleichfalls.«

›Die, werde ich haben‹, dachte der Weihnachtsmann und freute sich auf den geklauten Rehbraten aus der Fleischerei Böff.

Im Büro war die Nadel des Plattenspielers hängengeblieben. »Komm ich her… Komm ich her…«, krähten die Chorknaben. Auf Willichs Platz lag ein Zettel.

> *Wo blieben die Ideale*
> *Kurzarbeit heißt das Finale*
> *Er war nicht mehr derselbe*
> *Der Betrieb an der Elbe*
> *Die Rettung heißt joint-venture*

Und dann fehlte der Reim mit Genscher.

Wer andern eine Grube gräbt,
muß fleißig buddeln.

Überfallkommandos

Eine Woche war das Seminar her, und ich war noch immer nicht überfallen worden. Seit einiger Zeit veranstaltet die Berliner Polizei Seminare mit dem Titel »Defensivirritation als Präventivmaßnahme«. Darin werden Kenntnisse vermittelt, wie man sich im Falle eines Überfalles verhalten soll.

Statt zuzuhauen oder wegzulaufen, empfahlen die Polizeiobermeister, den Täter zu verwirren. Sei es, daß man ein Gedicht aufsagt (es muß ja nicht Schiller sein: »Was willst Du mit dem Dolch? Sprich!«) oder sich hinwirft und auf dem Boden und mit den Augen hin- und herrollt. Überraschend wäre auch, die Arme auszubreitend zu rufen: »Ich liebe Dich.« In Rollenspielen übten wir das alles und erwiesen uns als sehr phantasievolle Opfer, die den Täter kampfunfähig machten, in dem er sich totlachte.

Nächtelang trieb ich mich an den Brennpunkten der Hauptstadt herum, ohne mein neues Wissen anwenden zu können.

Ich hatte mich sogar spätabends an die Rückseite des Bahnhofs Zoo gestellt und in meinem gut gefüllten Portemonnaie gekramt. Erfolg war, daß mich eine junge blonde Frau ansprach: »Na Süßer, Blasen für fuffzich, Vakehr siebzich, allet mit Jummi.«

Ich sagte: »Nein, ich will einen Überfall. Mit Messer und so.«
»SM mach ick nich’.«
»Nein, nein. Ich meine… ich dachte an einen Mann… Verstehen Sie…«
Ganz vorsichtig hatte sie den Rückzug angetreten.

Ich las noch mal meine Mitschriften aus dem Seminar. Am geeignetsten für mein Vorhaben waren die von der Polizei als »gefährliche Orte« eingestuften Plätze. Hier gibt es eine außergewöhnlich hohe Zahl an Diebstahlsdelikten, Körperverletzungen und Verstößen gegen das Betäubungsmittelgesetz, weshalb die Polizei am Tage immer ein paar Beamte vor Ort hat. Nachts fährt sie verstärkt Streife. Der Alexanderplatz beispielsweise wird als gefährlicher Ort eingestuft. Da wollte ich es probieren. Außerdem hatte ich es dann nicht so weit nach Hause oder in die Charité.
Das, was die Berliner unter »Alex« verstehen, wird von den S-Bahn-Brücken in zwei Teile gespalten. Auf dem (touristisch attraktiveren) westlichen tummeln sich Fernsehturm, Rotes Rathaus, Springbrunnen und Bäume, auf der östlichen Seite warten Hotel, Kaufhaus und Banken auf prall gefüllte Brieftaschen. Hier stehen deutlich weniger Bäume und gerade im dunkeln bei künstlicher Beleuchtung, bewahrt die dickste Jacke nicht vor einem leichten Frösteln, daß einen auf dem steinernen Areal befällt. Ich schlenderte zwischen verrammelten Zeitungskiosken und Würstchenständen umher. ›Eigentlich gibt es sinnvollere Beschäftigungen‹, dachte ich so bei mir, während ich die dritte Runde

begann. Zum Beispiel kann ich nicht stricken. Ich kenne viele, die das nicht können. Aber gerade das spricht dafür, es zu lernen. Macht sich bestimmt gut in einer Bewerbung: Besondere Fähigkeiten: Stricken.

Plötzlich wurde ich an die Rückwand einer Imbißbude gestoßen, ein Unterarm quetschte mir den Hals, vor meinem Gesicht funkelte ein Messer. Etwas weiter unten sah ich auch den Besitzer.

»Jeld her!« Ich bekam keine Luft und preßte ein »Ich sehe was, was du nicht siehst.« hervor.

»Wat is los?«

»Ich sehe was, was du nicht siehst und das ist grün! » Er lockerte leicht seinen Griff.

»Verarsch mich nich!«

»Wenn ich sage: und das ist grün. Woran denkst du in deiner Situation als erstes?«

»Bullen, oda wat?!«

»Richtig.«

Er drehte sich kurz um.

»Ha!«, triumphierte ich, »Fehler, Fehler!«

Das Messer streifte meine Nasenspitze. »Nein, nein, wir können das ja verbessern. Aber so geht das nicht.« Ich versuchte mir ein wenig Luft zu verschaffen, indem ich nach rechts auswich. Mein Räuber hob drohend die Augenbrauen.

»Du willst doch den Erfolg. Willst du den?«, fragte ich ihn.

»Klar.« Er behielt den Druck bei.

»Was sind die Ziele eines Überfalls?«

Er zögerte kurz. »Jeld!«

»Jjjja. Aber das ist nur das übergeordnete Leitziel. Ich meine, Geld ist das wichtigste, aber wie sieht es aus mit der richtigen Wahl des Überfallortes, der Auswahl der Zielperson, der geeigneten Waffe – ich sage nur Selbstverletzungsgefahr?! Und nicht zu vergessen Fluchtweg, Fluchtgeschwindigkeit, Alternativpläne. Hier liegt doch der Schlüssel zum…«

»Wat denn jetz'?«

Inzwischen lehnten wir einige Zeit an der Wand, und er zeigte leichte Ungeduld. Von weitem betrachtet, glichen wir einem schmusenden Liebespaar.

»Ganz einfach. Du warst verwirrt. Aber du darfst nicht verwirrt sein, denn du willst ja die Situation kontrollieren. Du mußt blitzschnell eine Gegenstrategie entwerfen. Gib mal das Messer.«

»Nee, nee.«

»Dann überfall' mich noch mal.«

Er schwang den Dolch. »Jeld her.«

»Ich sehe was, was du nicht siehst. Und das ist grün.«

»Bullen?«

»Nein, nein. Nicht auf die Polizei hinweisen. Sag: Ha, ich weiß, was es ist. Es sind die Zwanzigmarkscheine in deinem Portemonnaie.«

Er wiederholte.

»Und ich sage«, sagte ich, »die kannst du ja gar nicht sehen. Die sind nämlich in meiner linken Hosentasche. Und jetzt?«

»Jetzt jeh' ick dir an die Wäsche.«

»Und was, wenn das nur ein Trick war? Viel zu gefährlich. Ich könnte ja eine Mausefalle in der Tasche haben.«

»Da kommt jemand«, zischte er.

»Klasse. Den überfallen wir. Los. Und mach's dramatischer. Er muß dir Geld geben, weil du ihm sonst das Leben nimmst. Toi, toi, toi.«

Verdutzt folgte er meinen Anweisungen.

Ich beobachtete, wie er seinem neuen Opfer hinterherschlich. Es war ein kleiner, schmaler Mann in einem langen, grauen Mantel.

»Geld her oder ich nehme mir das Leben«, rief mein Räuber. Vor Aufregung, sprach er Hochdeutsch, wenigstens hielt er das Messer richtig herum. Der kleine Mann schlug sich auf den Mund und suchte das Weite. Ich sprang ihm in den Weg.

»Was soll denn das ?«, herrschte ich ihn an. »Das ist doch nur ein Testüberfall. Vielleicht sind Sie jetzt mal tapfer!«

»Wer... was... wollen Sie?«

Ich hielt ihn fest und winkte mit der anderen Hand meinen Räuber herbei. »Noch mal«, befahl ich ihm.

Er atmete tief durch, faßte fest sein Messer: »Jeld her!«

Der kleine Mann griff in die Manteltasche. »Lassen Sie das doch. Sagen Sie: Ich sehe was... Nein, sagen Sie: Ich liebe dich. Zeigen Sie statt Angst Freude.«

Ich arrangierte eine Umarmung.

»Ich... ich liebe dich,« stammelte der kleine Mann.

»Ich dich aber nicht.«

Die beiden starrten sich in die Augen.

»Schöne Reaktion,« lobte ich »morgen treffen wir uns wieder und trainieren die Übergabe der Beute. Für die heutige Lektion bekomme ich von jedem fünfzig Mark.«

Ihre Köpfe fuhren herum. Die Gesichter vom Zorn
zerfurcht. Es sah sehr bedrohlich aus.
Bevor sie sich auf mich stürzen konnten, rief ich
»Hilfe« und rannte davon.

Als dem Buchstabenjongleur ein Fehler
unterlief,
kotnne mna nicths emhr lense.